СВЯТИТЕЛЬ НИКОЛАЙ СЕРБСКИЙ
(ВЕЛИМИРОВИЧ)

МЫСЛИ О ДОБРЕ И ЗЛЕ

ORTHODOX LOGOS PUBLISHING

МЫСЛИ О ДОБРЕ И ЗЛЕ

святитель Николай Сербский (Велимирович)

Икона на обложке книги:
«Николай Сербский (Велимирович)»,
Неизвестный автор

© 2024, Orthodox Logos Publishing, The Netherlands

www.orthodoxlogos.com

ISBN: 978-1-80484-161-7

This book is in copyright. No part of this publication may be reproduced, stored in a retrieval system or transmitted in any form or by any means without the prior permission in writing of the publisher, nor be otherwise circulated in any form of binding or cover other than that in which it is published without a similar condition, including this condition, being imposed on the subsequent purchaser.

СВЯТИТЕЛЬ НИКОЛАЙ СЕРБСКИЙ
(ВЕЛИМИРОВИЧ)

МЫСЛИ О ДОБРЕ И ЗЛЕ

ORTHODOX LOGOS PUBLISHING

СОДЕРЖАНИЕ

Предисловие 9
Жизнеописание святителя Николая Сербского 10

Мысли о добре и зле
    Душа и плоть 14
    Божественное колесо 15
    Безбожник сам себе палач 16
    Сила 17
    Доброта далеко видит 18
    Молчание 19
    Великий человек 20
    Слабость 21
    Сверкающая химера 22
    Диалог 23
    Исчезновение 24
    Добродетель 25
    Кубок наслаждений 26
    Смерть 27
    Душа и плоть 28
    Внезапная смерть 29
    Пустыня знания 30
    Невежество 31
    Истина открывается любви 32
    Истина 33

Небо	34
Тщеславие	35
Возношение и поношение	36
Взгляд	37
Горизонт	38
Пустота и нищета	39
День и ночь	40
Эхо души	41
Красота природы	42
Чувство, разум и ум	43
Не верь счастью	44
Немощь	45
Рай и ад	46
Примирение с судьбой	47
Тщеславие	48
Пилатова правда	49
Пять импульсов	50
Разные люди	51
Проклятие и восхваление	52
Здравый смысл	53
Жизнь и поэзия	54
Улыбка	55
Героизм и эгоизм	56
Природа – отражение человека	57
Святой и природа	58
Где ты закопаешь убитого?	59
Без Бога как без воздуха	60
Несчастье	61
Новости дня	62

Плотское	63
Сердце и Евангелие	64
С Богом нас разделяет ложь	65
Равенство	66
Больше веры	67
Анализ	68
Разлука	69
Разные блага	70
Жизнь истинная	71
Содержание жизни	72
Достижения	73
Злословие	74
Борьба за жизнь	75
Во имя Божие	76
Отношение к Богу	77
Природа – друг наш	78
Мера страдания	79
Самообладание	80
Дистанция	81
Помеха добродетели	82
Вера – основа любви	83
Слово любви	84
Мудрость	85
Содержание истории	86
Молчание	87
Ева и Мария	88
О том же	89
Сделай и забудь	90

Исповедь	91
Рабы, ничего не стоящие	92
Мало и много	93
Страх греха	94
Две морали	95
Снова прилив и отлив	96
О том же	97
Ржавое железо	98
Грех непослушания	99
Зеркала	101
Ненависть к праведнику	103
Божественное Домостроительство	104
Славолюбие	105
Начало календаря	106
Чистая слеза	107
Подражай святым	108
Очищение от зла	109
Любовь Божия	110
Против рассеянности	111
Три окна	112
Молитва	113
Над политикой	114
Земля и карта	115
Ключ к тайне	116
Приложение: Святой князь Владимир – креститель Руси	117
Биография: Святитель Николай Сербский (Велимирович)	129

ПРЕДИСЛОВИЕ

Николай Велимирович, епископ Охридский и Жичский, собрав мудрость евангельскую, изложил ее в виде дневника, который впервые был издан в 1923 году под названием «Мысли о добре и зле».

Эти размышления о сути вещей, о том, каким должно быть отношение человека к Богу, к себе самому, к ближним, к природе; о том, что все окружающее нас окутано тайной, проникнуть в которую человеческому разуму не под силу. Не зная об этой истине, люди блуждают по жизни, как по пустыне, не имея ориентиров и постоянно сбиваясь с пути.

Когда же глаза наши закроются навсегда и из мира земного мы перенесемся в мир небесный, многие тайны откроются нам, но тогда уже будет поздно. Потому владыка Николай, будучи тонким, подобно святому Савве Сербскому, знатоком человеческой души и евангельской истины, постарался собрать в одной книге и предложить нам для нашего спасения эти ориентиры на пути к Богу. Все, что написано владыкой Николаем, написано по вдохновению Духа Святаго, каждая мысль представляет собой духовное сокровище. Мысли эти должно запоминать, «слагать в сердце своем» и следовать им каждый день – только так они смогут послужить нашему спасению.

ЖИЗНЕОПИСАНИЕ СВЯТИТЕЛЯ НИКОЛАЯ СЕРБСКОГО

Владыка Николай (Велимирович) – выдающаяся фигура в сербской духовной литературе XX века. Епископ Охридский и Жичский, богослов, философ, организатор народного «богомольческого» движения, почетный доктор нескольких мировых университетов. Его литературное наследие насчитывает 15 объемистых томов разнообразных по жанру произведений, многие из которых считаются жемчужинами мировой православной книжности.

Николай Велимирович родился в 1881 году в маленьком горном селе Лелич в семье сербского крестьянина. Он был одним из девяти детей. Его отец, Драгомир, славился среди односельчан грамотностью и привил любовь к письму сыну. Мать, Катерина (впоследствии монахиня Екатерина), с малолетства водила сына в ближний монастырь Челие на службы и к Причастию.

После окончания школы при монастыре, Николай учился в гимназии в городе Валево, а затем поступил в белградскую Богословию (семинарию). Там он проявил себя как одаренный ученик, изучал произведения великого сербского духовного писателя Владыки Петра Негоша, знакомился с творчеством Достоевского, Пушкина, Шекспира, Данте и других европейских классиков, а также с философией Дальнего Востока.

После семинарии Николай работал сельским учителем и помогал местному священнику. В этот период появляются его первые публикации в церковных и светских изданиях. Вскоре он получил стипендию на продолжение учебы в Швейцарии, на Бернском старокатолическом факультете. Там Николай изучил немецкий язык и усердно занимался богословием и философией. Тема его первого доктората – «Вера в Воскресение Христово как основная догма Апостольской Церкви».

Затем Николай учился в Англии, окончил философский факультет в Оксфорде и защитил второй докторат во Франции на французском языке по теме «Философия Беркли». Вернувшись в Белград, он начал преподавать иностранные языки в семинарии. После тяжелой болезни Николай принял монашеский постриг с именем Николай.

В 1910 году иеромонах Николай поступил в Санкт-Петербургскую Духовную Академию. Там он поразил всех своими знаниями и проповедническим даром. Митрополит Петербургский Антоний (Вадковский) выхлопотал для него бесплатное путешествие по всей стране, которое глубоко вдохновило отца Николая.

Во время Первой мировой войны отец Николай по поручению Сербского Правительства выступал в Англии и Америке, разъясняя позицию православной Сербии. В 1920 году он был рукоположен во епископа Охридского. В Охриде Владыка создал целый цикл литературных произведений: «Молитвы на озере», «Слова о Всечеловеке», «Охридский пролог», «Омилии» и другие.

Владыка много ездил по епархии, проповедовал, восстанавливал разрушенные войной церкви и монастыри, основывал дома для сирот. Он организовал Православное народное движение, которое способствовало возрождению монашества и укреплению веры в народе.

В 1934 году епископ Николай был переведен в Жичскую епархию, где занимался реставрацией древнего монастыря Жича и других святынь.

Во время Второй мировой войны Владыка Николай вместе с Сербским Патриархом Гавриилом оказались в концлагере Дахау. После освобождения в 1945 году Владыка написал книгу «Сквозь тюремную решетку», призывающую к покаянию и размышлению.

Узнав о приходе к власти в Югославии атеистического режима Тито, Владыка остался в эмиграции. Он жил в Англии и Америке, продолжая свою миссионерскую и литературную деятельность. В этот период были созданы такие произведения, как «Жатвы Господни», «Страна Недоходимая», «Единственный Человеколюбец».

Последние дни Владыки Николая прошли в русском монастыре святителя Тихона в штате Пенсильвания. 18 марта 1956 года он мирно отошел ко Господу во время молитвы. Тело Владыки было похоронено в сербском монастыре святителя Саввы в Либертвилле.

Лишь в 1991 году, после падения коммунистического режима, мощи святителя Николая Сербского были перенесены на родину. Сейчас они покоятся в его родном селе Лелич, и церковь, где они хранятся, стала местом многолюдного паломничества.

Владыка Николай Сербский оставил глубокий след в православной духовной литературе и в сердцах верующих. Его труды, долгое время запрещенные, теперь вновь доступны и вдохновляют новые поколения читателей своей мудростью и глубиной духовного опыта.

МЫСЛИ О ДОБРЕ И ЗЛЕ

ДУША И ПЛОТЬ

Время – птица, украшающая тебя пестрыми перьями, но когда-то она улетит и унесет их. И если твоя душа слишком привяжется к перьям, как же безобразна будет её нагота!

БОЖЕСТВЕННОЕ КОЛЕСО

Большое колесо вращается медленно, но оно настигает меньшее, которое вращается быстрее. Чем больше колесо, тем медленнее ход и меньше скрип; чем колесо меньше, тем быстрее ход и громче скрип. То же с людьми.

Большее «колесо» души человеческой есть Бог. Величину его увидеть невозможно, ход его неслышен в скрипе множества маленьких колесиков. Когда же мелкие колесики души замедлят свой бег и утихнут, душа созерцает себя в неизмеримом Божественном колесе, охватывающем небо и землю. И тогда, в эти неожиданные и редкие моменты созерцания, душа ощущает неизреченную радость.

БЕЗБОЖНИК САМ СЕБЕ ПАЛАЧ

Когда человек поворачивает свое лицо к Богу, все пути его ведут к Богу. Когда человек отворачивается от Бога, все пути ведут его к погибели. Когда человек окончательно отрекается от Бога и словом, и сердцем, он уже ничего не способен создать и сделать, что не служило бы к его полному разрушению, и телесному, и душевному.

Потому не спеши казнить безбожника: он нашел своего палача в самом себе; самого беспощадного, какой только может быть в этом мире.

СИЛА

Недостаточно только силы воли, только силы ума или только силы чувств. Недостаточно даже всего этого вкупе, если нет высокой цели. Какая польза бегуну от быстроты ног и силы легких, если все в испуге разбегаются от него?

Все природные стихии, погруженные в ночной мрак, наполняют душу путника страхом, когда же восходит солнце, страх исчезает.

Град сильнее дождя, но у него нет на земле друга.

ДОБРОТА ДАЛЕКО ВИДИТ

Доброта прозорлива и видит глубокие причины. Злоба смотрит лишь перед собой и не знает истинных причин. Злоба и птица знают, что для того, чтобы пошел дождь, нужна туча. Доброта видит, что все в руке Божией. Злоба и осел видят, что для роста кукурузы нужен навоз. Доброта знает, что на все – воля Божия.

МОЛЧАНИЕ

О трех предметах не спеши рассуждать:
  о Боге, пока не утвердишься в вере;
  о чужих грехах, пока не вспомнишь о своих,
  и о грядущем дне, пока не увидишь рассвета.

ВЕЛИКИЙ ЧЕЛОВЕК

Невозможно стать великим до тех пор, пока не начнешь считать себя мертвым.

Невозможно стать великим до тех пор, пока боишься чего-то больше Бога, пока любишь кого-то больше Бога и пока не станешь видеть свою смерть в прошлом, а не в грядущем.

СЛАБОСТЬ

Преступление всегда слабость. Преступник – трус, а не герой. Потому всегда смотри на своего обидчика как на более слабого; как не станешь мстить малому ребенку, так же не мсти никому ни за какую обиду. Ибо она рождается не от зла, но от слабости. Так ты сохранишь свою силу и будешь подобен спокойному морю, которое никогда не выйдет из берегов, чтобы утопить безрассудного, бросающего в него камень.

СВЕРКАЮЩАЯ ХИМЕРА

Глаз никогда не пресытится созерцанием, ухо никогда не пресытится слышанием.

Весь мир в своей целости – сверкающая химера, но в частности – сама печаль; геройская храбрость – в целости и мышиный страх – в частности; неукротимый поток жизни и безнадежное одиночество смерти... И вся эта сверкающая химера не может насытить ни одно око, ни одно ухо, не может погасить жажду плотских похотений, и еще меньше способна она утолить жажду духовную.

Как одна капля родниковой воды, падая на язык жаждущего странника, не может напоить его, так и вся наша вселенная подобна одной родниковой капле, которая, падая на жаждущий дух человеческий, лишь усиливает жажду, разжигая ее до безумия.

Воистину, мир существует, чтобы разжигать жажду духа человеческого.

ДИАЛОГ

Искренний вопрос ученого к природе мог бы быть таким: «Природа, скажи мне, кто ты, чтобы я понял, кто я…».

Искренний вопрос историка к истории мог бы быть таким: «История, скажи мне, кто ты, чтобы я понял, кто я…».

Искренний вопрос священника к Богу мог бы быть таким: «Господи, скажи мне, кто Ты, чтобы я понял, кто я…».

Безошибочный ответ на все три вопроса мог бы быть таким: «Человек, найди Меня в себе!».

ИСЧЕЗНОВЕНИЕ

Великим станешь тогда, когда мысленно превратишь себя в ничто, когда духом своим поднимешься к Духу бескрайнему и бесконечному и посмотришь на себя с той высоты так же объективно, как смотришь на все, что окружает тебя; когда с той высоты посмотришь на себя как на мертвеца, как на прах; когда сроднишься с бессмертием и Жизнью Вечной. Тогда тебе откроются бессилие и тщета смерти; увидишь саму смерть в прошлом: в прошлом, без настоящего и будущего.

Тогда смерть, непрестанно грозящая разлучить тебя с твоим телом, будет для тебя не страшнее ветра, уносящего твою шляпу. Ибо тогда ты узнаешь, что душа твоя может жить без тела, как голова – без шляпы.

ДОБРОДЕТЕЛЬ

Всякая добродетель рождает жертвенность. Совершенная добродетель рождает полное самоотречение. Высшая добродетель – любовь – рождает совершенное самоотречение.

Жертвенность вырастает в самоотречение, самоотречение прорастает в Жизнь Вечную. Через длительное мы познаем краткое, через краткое – длительное. Через долгие годы труда, досады и себялюбия мы познаем временность, через краткие мгновения добродетели – неизмеримую вечность.

КУБОК НАСЛАЖДЕНИЙ

Если бы тебе предложили золотой кубок с лучшим в мире вином, сказав: «Пей, но знай: на дне скорпион», ты бы стал пить?

На дне всякого кубка земных наслаждений таится скорпион. Да и кубки эти так неглубоки, что скорпион всегда близ наших губ.

СМЕРТЬ

Среди безмолвия неба и земли ожесточенно спорят земные мудрецы: «Что есть материя и что есть дух?». А смерть, восседая на гробах, утверждает: «Материя есть тесто, дух – закваска, вы – хлеба, а я – гость».

ДУША И ПЛОТЬ

Стелет мать постель для сына из кашемировой шерсти и монгольского шелка. А сын уж год как покоится в постели из ила, без печали, радости и сна.

Приходят к ней победители земных битв, приходят победители морских сражений и, чтобы утешить ее, приносят ей свои слезы.

Для чего все ваши славные победы, если вы несете мне то, что матери имеют с лихвой?

ВНЕЗАПНАЯ СМЕРТЬ

Банкир, радостно пересчитывая деньги, представляет, как долго еще сможет он пировать.

Голодный гробовщик, взирая на город, размышляет о том, из чьих уст выпадет ему завтра кусок хлеба.

ПУСТЫНЯ ЗНАНИЯ

«Знание – свет», – говорят ученые гордецы, не имеющие ни радости, ни милости. Смотри-ка: пустыня Сахара – самое солнечное место, но более всего она напоминает раскаленный труп.

НЕВЕЖЕСТВО

Нетрудно научить животное, нетрудно научить простеца, но как тяжело научить того, кто, будучи невеждой, уже стал учителем!

ИСТИНА ОТКРЫВАЕТСЯ ЛЮБВИ

Искать истину – значит искать предмет любви.

Искать же истину, чтобы сделать ее орудием, – значит искать истину ради прелюбодейства. Тем, кто ищет ее ради этого, истина бросает кость, но сама бежит от него за тридевять земель. За тридевять земель, милые!

ИСТИНА

Если ищешь Истину с любовью и ради любви, Она откроет тебе свет лица Своего настолько, насколько ты сможешь его вынести, не сгорев. В придачу Она принесет тебе все, но ты поймешь, что тебе не нужно ничего больше, кроме Ее сияющего и сладчайшего лика.

Когда же в сумятице жизни ты на мгновение упустишь из вида лик Истины, то ощутишь потерянность и печаль даже среди самых своих близких – друзей и родных. Как дитя среди братьев и сестер, но без матери: для ребенка нет никого ближе матери, сколько бы родных ни окружало его. Так и ты почувствуешь, что Истина для тебя стала ближе и дороже всех тех, с кем ты каждый день делишь трапезу.

НЕБО

Все дела твои, не во имя Неба и без благословения Неба, принесут горький плод, ибо не прольет оно на них свой благодатный дождь и животворящий свет.

К чему бы ни приступал ты, прислушивайся к Небу.

Всякий узор своей жизни плети из небесных нитей.

ТЩЕСЛАВИЕ

Насколько выказываешь себя мудрым перед людьми, настолько безумен становишься перед собой. Чем больше гордишься своими мнимыми достоинствами перед другими, тем яснее видны твои немощи и пороки.

Один солдат рассказывал другу, что всякий раз, когда он, хвалясь, описывал свои боевые победы и собственный героизм, в его сознании неизменно воскресали образы всех его поражений и случаи проявления трусости.

ВОЗНОШЕНИЕ И ПОНОШЕНИЕ

Все мы в этом мире словно товар на базаре. Одни поднимают нашу цену до небес, другие не дают и гроша.

Возношение и поношение, приходящие к нам от людей, всегда производят в нашей душе раздвоение: одна половина души радуется возношению, другая печалится из-за поношения, ибо в таинственной глубине собственного сознания мы чувствуем, что ни возношением, ни поношением всё о нас не сказано. Трезво смотри и на крайние возношения, и на крайние поношения – ибо ты не заслуживаешь ни того, ни другого, – чтобы не взлететь тебе без крыльев и не утонуть в бездне отчаяния.

ВЗГЛЯД

«Глаза – точка встречи душ», – сказал один мудрец. Взглядом душа проникает в душу: он подобен светильнику, с которым мы приближаемся к другой душе, чтобы испытать и познать её.

Глядя в глаза слепцу в тщетном поиске встречи, мы переживаем нечто таинственное, пугающее, как пугает темная вода или дом без окон.

Взгляд – прочная цепь, которой природа привязывает к себе человека. Чувственный человек воспринимает природу в видимых образах, они удивляют и восхищают его. Духовный же человек в пламени своего духа переплавляет все образы в некий первозданный элемент, восторгаясь этим единственным элементом. Но и это только начало духовности.

ГОРИЗОНТ

Чем уже горизонт, тем больше беспокойство.
Чем шире горизонт, тем меньше беспокойство.
Чем уже горизонт, тем выше самомнение.
Чем шире горизонт, тем меньше самомнение.
Если бы надменная колодезная жаба оказалась на берегу океана, она бы
избавилась от своей надменности.

ПУСТОТА И НИЩЕТА

Чем больше богатство без Бога, тем больше нищета. Чем больше знаний без Бога, тем больше пустота.

Только Бог дает человеку богатство и мудрость. Мир без Бога производит нищих и глупцов.

ДЕНЬ И НОЧЬ

Если ткать днем, а ночью распускать, никогда не соткать.

Если строить днем, а ночью разрушать, никогда не построить.

Если молиться Богу, а делать пред Ним злое, никогда ни соткать, ни построить дом своей души.

ЭХО ДУШИ

Весь мир подобен огромному фортепьяно, клавиши его – творения Божии. Какой клавиши ни коснись, услышишь эхо своей души.

КРАСОТА ПРИРОДЫ

Вся красота природы исходит из таинственности Таинственного. Без этой таинственности Таинственного природа ни на миг не могла бы сохранить ту тихую целомудренную красоту, которая светится сквозь нее.

Сотворенная природа – облако, укрывающее ослепительное сияние Божественного огня. Прозрачность или непроницаемость этого облака зависят от нашего духовного зрения: для утонченного и высокого духа оно тонко и прозрачно, для грубого – темно и непроницаемо.

ЧУВСТВО, РАЗУМ И УМ

Разуму служат пять чувств, уму – одно. Чувство ума суть разум. Разумен тот, кто подчинил чувства разуму. Умный человек столько же выше разумного, сколько разумный выше чувственного.

Умный человек – тот, у кого ум господствует над разумом, то есть, у кого ум воспринимает опыт разума, как сырье, которое он превращает в нечто совсем иное, в то, что даже не напоминает опыт разума; подобно тому как желудок, принимая пищу, перерабатывает ее в кровь, то есть в нечто совсем отличное от пищи.

Человек же, у которого разум владеет умом и опыт разума остается единственным – непереваренным – содержанием ума, становится безумным. Как можно говорить о больном желудке в случае несварения, так же можно говорить о больном уме и непереваренном – безжизненном – опыте. И как организм погибает от скоплении непереваренной пищи, так же и ум помрачается от огромного количества знаний и опыта, над которыми он теряет контроль и способность к их преобразованию.

НЕ ВЕРЬ СЧАСТЬЮ

Будучи богат, думай, сможешь ли ты достойно переносить бедность.

Будучи счастлив, представляй, как с достоинством встретить несчастье.

Когда люди тебя хвалят, думай, сможешь ли достойно переносить поношения. И всю жизнь думай, как достойно встретить смерть.

НЕМОЩЬ

Иногда человек скрывает свои немощи от тех, кто его любит, чтобы они не начали гнушаться им. Скрывает и от тех, кто хвалит его, чтобы они не начали поносить его.

Он ошибается дважды: во-первых, ибо не понимает, что, если он сам откроет свои слабости, его не станут любить и хвалить меньше. Когда же другие люди откроют его слабости, вот тогда они непременно будут гнушаться им и поносить его. Во-вторых, он забывает, что есть Око, видящее и знающее о нем все.

Потому лучше открыть свои слабости прежде, чем они приобретут полную власть над нами и станут очевидны другим. Ибо в молодости переносить поношения легче, чем в старости.

РАЙ И АД

Может ли творить добро то, что не существует? – Посмотри, сколько добра принес человечеству ад: скольких злодеев обратил он к покаянию; скольких грешников превратил в святых; скольким преступлениям не дал совершиться!

Может ли творить добро то, что не существует? – Посмотри, сколько добра принес человечеству рай: сколько добрых дел он вдохновил; сколько скорбей претворил в радость; сколько слез осушил; в скольких душах пробудил божественную жажду!

Может ли сотворить добро то, что не существует?

ПРИМИРЕНИЕ С СУДЬБОЙ

Что значит «примирение с судьбой»?

Одно значение: подобно волу, безропотно и беззащитно идти на заклание. Другое: подобно истосковавшемуся сыну, радостно спешить в объятия Отца, через смерть, как через последнее препятствие.

ТЩЕСЛАВИЕ

Как яблоня не может плодоносить, прежде чем не отцветет, так и человек не сможет принести плода духовного, пока не стряхнет с себя внешние наряды и украшения.

ПИЛАТОВА ПРАВДА

О какой правде ты говоришь? Разве Бог каждый день не дает нам в стократ больше, чем мы способны Ему вернуть? Однако Он не жалуется на неблагодарность.

О каких законах ты говоришь? Способен ли ты исполнять тот минимальный долг, который требует от тебя закон? Можешь ли ты считать себя гражданином, а не то что героем или святым?

Те, кто с Пилатом во главе казнили Христа, будут отвечать не за нарушение гражданского закона; они будут судимы за распятие Спасителя.

Когда человек исполнит все законы, тогда сможет он сказать: вот я дорос до животного, ибо животное живет в точности исполняя закон. Кто еще не дорос до животного, может ли дорасти до Бога?

ПЯТЬ ИМПУЛЬСОВ

Существует пять основных импульсов, движущих людьми: личная прибыль и собственные удовольствия; семейные и кровные узы; общественные законы; совесть и чувство присутствия Живого Бога.

Пятый импульс – первая линия обороны; если человек не удержит ее, отступает на вторую (четвертый импульс); не удержав вторую, отступает на третью (третий импульс) и так далее, до первого. Так происходит деградация человека, деградация и гибель. Гибель, ибо и последнюю линию обороны может потерять человек. И тогда ему уже не остается ничего, кроме тупого безразличия ко всему, отчаяния и – самоубийства.

РАЗНЫЕ ЛЮДИ

Спроси плотского человека: «Кто ты?» Он ответит: «Я это я», имея в виду свое тело.

Спроси душевного человека: «Кто ты?» Он ответит: «Два антипода живут во мне, и я скитаюсь от одного к другому», – говоря о своей инстинктивной и сознательной природе.

Спроси духовного человека: «Кто ты?» Он ответит: «Есть Некто в моей душе, я протягиваю руки, чтобы коснуться Его, но понимаю, что руки мои должны быть пространнее небес». Спроси у Него, кто я?

ПРОКЛЯТИЕ И ВОСХВАЛЕНИЕ

Старайся делать для людей то, за что они прежде будут поносить тебя, а уже потом восхвалять; и никогда не делай ничего для того, за что тебя восхвалят, но в конце концов проклянут.

Нерон поначалу восхвалял свою мать, ведущую его по пути порока, а когда порок привел его в пропасть, он ее проклял.

Ребенок будет радоваться и благодарить тебя, если ты подтолкнешь его санки с горы, но, разбившись, станет проклинать тебя, как виновника своей беды.

Грешники будут осыпать тебя похвалами, когда ты будешь оправдывать их грехи, но лучше не приближаться тебе к их смертному одру...

ЗДРАВЫЙ СМЫСЛ

Маловерный никогда не пробудит веры в другом. Никогда не заслужит доверия надменный невежда. Люди восстают против богатства, когда оно в руках скупца; презирают власть, если она принадлежит бесчестным; больной не поверит больному врачу.

Есть у людей здравый смысл и верное суждение. Усталый путник сердится на трактирщика, который не может предложить ему ужин и постель, спрашивая его: зачем же ты назвался трактирщиком?

ЖИЗНЬ И ПОЭЗИЯ

Облеки свою жизнь в песню. Прошу тебя, облеки жизнь в песню: тогда ты сможешь ощутить гармонию жизни и свою связь с гармонией.

Ты можешь анализировать свою песню, но не забывай петь. Критики поэзии рождаются и умирают, а песни продолжают жить. Критика мертвит, песня живит. Только поэзия может воскресить прозу. Поэзия произросла от древа жизни, проза — из древа познания.

Все мы знаем: у лжи короткий век, истина вечна. Почему еще поэзия живет дольше прозы: не потому ли, что она ближе к истине, ближе к жизни? Если же облечешь свою жизнь в песню, и ты станешь ближе к истине, ближе к жизни.

УЛЫБКА

Над смехом счастья и стоном скорби людей витает некая таинственная улыбка, согревающая, но необжигающая. Улыбка эта совершенно не похожа на презрительную, леденящую усмешку циника. Улыбка матери над разыгравшимся младенцем или улыбка святого над могущественным, но слабым напоминает эту таинственную, возвышенную улыбку.

Что другое еще может означать это тихое радование, как не соучастие в радости радующихся и плаче плачущих? О чем говорит эта улыбка, как не о том, что чрезмерная земная радость вскоре сменится печалью, а на смену печали придет радость?

Грустно, что из всех земных животных именно эти два наиболее характерно выражают человеческое помрачение – обезьяна и гиена. Старайся, чтобы радость твоя не походила на гримасы обезьян, а скорбь – на бессмысленную ипохондрию гиены.

Вспомни непостижимую и ласковую улыбку матери и святого, улыбку, заключающую в себе мудрость, милость, любовь и вечность. И вечность, ибо смех и плач временны, та улыбка пребывает во век.

ГЕРОИЗМ И ЭГОИЗМ

Не верь теориям и разговорам о законе эгоизма. Его не существует. Господь правит миром, а люди – род Божий.

Человек, прыгнувший в поток, чтобы спасти тонущего, в один миг уничтожает все эти теории и пресекает такие разговоры.

ПРИРОДА – ОТРАЖЕНИЕ ЧЕЛОВЕКА

Теория о себялюбии не может быть оправдана природой. Люди слишком легко обвиняют других в собственном зле.

Природа нейтральна к людям. В согласии с человеческим характером она настраивает свой характер. Пока Адам был послушен Богу, и природа была послушна Адаму. Когда он восстал против Бога, природа взбунтовалась против Адама.

Как какое-либо желание, мысль или страсть действуют на все тело человека, так и его характер, настроение, вера и нравственность воздействует на природу. Человеческая злоба может наполнить природу злобой, а милость – милостью.

На Балканах по сей день народ сохранил веру в то, что дождь, засуха, град, урожайные и голодные времена, здоровье и болезни зависят от нравственной чистоты народа.

К святым людям природа всегда милостива, к нечистым и злонамеренным беспощадна.

Природа – отражение человека. Каков человек, таким она его показывает. Природе несвойствен эгоизм. Но люди эгоистичны, и потому они видят свое обезображенное отражение в зеркале природы и приписывают собственное уродство зеркалу.

Но разве зеркало виновно в уродстве лица, которое оно лишь правдиво отражает?

СВЯТОЙ И ПРИРОДА

Для святого природа представляет прошлое. Он изучил её азбуку, прочёл её слова, выслушал её звуки, понял все, что она поведала ему, и закрыл книгу. Только в святом природа смогла достичь своей цели: она пробудила в нем человека, указала ему на Бога и – укрылась от его глаз.

Святой бесконечно благодарен природе и бесконечно милосерден к ней, потому и она считает его своим единственным на земле настоящим другом.

Воистину нет более трогательной картины, чем дружба святого и диких зверей. И это несмотря на то, что он смотрит на нее, как взрослый на детские забавы: вот еще один взгляд, еще одна сочувственная улыбка, еще одно нежное воспоминание, – и путнику снова пора в дорогу, вперед и вверх, чрез все невзгоды. Он должен забыть обо всем. Оставить всё, чтобы познать и обрести всё.

Для гурмана природа – будущее, для художника – настоящее, для святого – прошлое.

ГДЕ ТЫ ЗАКОПАЕШЬ УБИТОГО?

Неважно, умрешь ли от болезни или от руки человека. Но болезнь не будет отвечать за смерть, а человек будет. Как поучителен пример пчелы: за укус она платит собственной жизнью.

Все убитые тобой имеют два покоища: одно – в мире ином, другое – в твоей совести.

Где бы ты ни закопал убитого, в полночь он проснется в твоей душе и станет задавать тебе вопросы, на которые, обливаясь холодным потом, совесть твоя будет отвечать до рассвета.

БЕЗ БОГА КАК БЕЗ ВОЗДУХА

Как птица, попав в безвоздушное пространство, тотчас устремит свой полет прочь, назад, так и ты отвратись и беги от собрания неверующих, ибо среди них ты не сможешь удержаться на крыльях, но падешь. Снова прошу тебя: как птица, попавшая в безвоздушное пространство, тотчас устремит свой полет прочь, назад, так и ты отвратись и беги от собрания неверующих, ибо среди них ты не сможешь удержаться на крыльях, но падешь.

Бог – воздух твоей души. Без этого воздуха душа твоя упадет на землю и будет ползти в пыли, как змея.

НЕСЧАСТЬЕ

Несчастье, которое Господь попускает нам претерпеть, лучше счастья, которое мы сами себе строим.

Своим верным Господь всегда вовремя попускает страдание. Это – голос друга, который в полночь будит спящего: пожар!

И мудрый, оставив горящий дом, бежит, спасая свою жизнь. А безумный сидит и стонет среди пламени, пока не погибнет вместе со сгоревшим домом.

НОВОСТИ ДНЯ

Новости дня: люди убили русского царя, чтобы жить лучше;

    люди убили польского президента, чтобы жить лучше;

    люди убили греческого министра, чтобы жить лучше…

Медицина за последнее столетие не сделала больших достижений в хирургии. И политическая хирургия тоже не намного опередила политическую терапию: преобладает метод ампутации, и ампутации совершаются без колебаний, однако же кровь непрерывно сочится из изуродованного тела.

Но, как обычно, убийцы в проигрыше: убитые продолжают играть в обществе роль, ничуть не меньшую, чем при жизни. Это понимают все, видят все, стараются остановить кровь, истекающую из общественного организма, но одновременно планируют и готовят очередную ампутацию, очередную резню.

ПЛОТСКОЕ

Плотские люди легко приспосабливаются к этому миру. Духовные всегда чувствуют себя в нем пришельцами и чужаками.

Плотские ищут и говорят, что находят источник своего происхождения в навозной куче во дворе собственного дома, потому, сравнивая себя с нею, испытывают гордость за свой человеческий образ.

Духовные ищут и находят свои истоки высоко, над пламенем звездным, в непостижимом разуму и в неизреченной чистоте, и потому смиряются и скорбят, видя, как далеко они уклонились от образа Божия.

Духовные не бьются над вопросом: кто сотворил меня? – понимая, что никого во всей вселенной нельзя назвать Творцом всего, кроме единого Бога.

Плотские, мучаясь над этим вопросом, находят ответ в навозной куче во дворе собственного дома, лишь бы только им никого не бояться и не стыдиться.

СЕРДЦЕ И ЕВАНГЕЛИЕ

Из праха сердце твое, из праха и бумага, на которой написано Евангелие. Но Дух Святый Животворящий писал по этому праху. Потому одно письмо адресовано другому, первое раскрывает второе, второе объясняет первое.

Когда мир своими страстями сожжет одно, тогда и другое в опасности пожара.

С БОГОМ НАС РАЗДЕЛЯЕТ ЛОЖЬ

С Богом нас разделяет ложь, и только ложь. Сказать, что с Богом нас разделяет истина, то же самое, что сказать, что с Богом нас разделяет Бог.

Ложные мысли, ложные слова, ложные чувства, ложные желания – вот совокупность лжи, ведущая нас к небытию, иллюзиям и богоотречению. С этой дороги нет возврата без тяжелого жизненного потрясения, пока человек, ослепнув, подобно Савлу, не падет на землю и пока Бог не поднимет его из пыли и немощи и не вернет ему зрение.

РАВЕНСТВО

Бог есть любовь, но Бог не есть равенство. Равенство изгнало бы и справедливость, и любовь, изгнало бы нравственность.

Любит ли муж жену за равенство?

И мать любит ли своего ребенка за равенство?

Разве друзья любят друг друга за равенство?

Неравенство – основа справедливости и побудитель любви.

Пока живет любовь, никто не вспоминает о равенстве.

Пока царит справедливость, никто не думает о равенстве.

Когда уходит любовь, люди говорят о справедливости и подразумевают равенство.

Когда за любовью уходит и справедливость, начинают говорить о равенстве и подразумевают безнравственность, то есть изгнанную нравственность подменяют порочностью.

На могиле любви вырастает справедливость, на могиле справедливости растет равенство.

БОЛЬШЕ ВЕРЫ

Некоторым больным врачи рекомендуют большую дозу лекарства, например: пейте как можно больше воды!

Вера – наиболее полезное лекарство для нашей души, если его принимать в наибольшей дозе. Верь больше!

АНАЛИЗ

Анализ убивает любовь. Потому наука – холодит. Потому говорят не о красоте знания, а о пользе его.

Любящий никогда не спрашивает о возрасте, происхождении и благосостоянии своей возлюбленной. И одухотворенная душа, то есть воспламененная любовью к Богу, отнюдь не соглашается на «анализирование» Бога.

Любовь изгоняет рассудок, как бесполезного соглядатая. Но зато соединяет воедино три луча – ум, сердце и душу – и возжигает их в одну свечу.

РАЗЛУКА

Разлука врагов усиливает обоюдную ненависть.

Разлука друзей укрепляет взаимную привязанность.

Разлука матери с ребенком обостряет их любовь.

Наша разлученность с Богом умножает любовь Божию к нам. Когда мы чувствуем это, нас, как раскаленное железо, жжет стыд и мы спешим вернуться к Нему быстрее, чем бежали от Него. И возвращаемся с большей любовью.

История большинства человеческих душ – это чередование временного бегства и спешного возвращения к Богу.

О, только бы в наши последние дни на земле не оказаться нам в разлуке с Богом, но быть как можно ближе к Его объятиям!

РАЗНЫЕ БЛАГА

Если, веруя в Бога, ты думаешь, что чувственные и природные блага – единственные блага, которые Господь ниспосылает человеку, ты неверно думаешь о Боге.

Любые чувственные и природные удовольствия завершаются горечью. А Бог не охотник, сладкой приманкой увлекающий зверя в капкан.

Чувственные и природные блага – дары из второй руки Божией. Божии дары из первой руки – дары духовные.

Чувственные и природные блага Бог дает людям с единственным намерением – напомнить ими о высшем, сладчайшем и вечном благе; они предображение будущих благ. Безумен тот, кто этого не понимает, и несчастен тот, кто этого не усвоит.

Чувственные и природные блага, так же как и вся необъятная вселенная, лишь зов Царя на пир. Счастлив тот, кто, не утешившись одним только зовом, поспешит отозваться Самому Царю. Благо тому, кто приглашение не примет за пир.

Несчастен и вдвойне несчастен тот, кто удовлетворится приглашением и в суете и тщеславном безумии забудет о Царе.

ЖИЗНЬ ИСТИННАЯ

Как ни странно это звучит, но это правда: мы приходим в этот мир, чтобы спасаться от него. Так же как люди уходят на войну не ради наслаждения войной, но чтобы спастись от неё!

Ради большего блага люди идут воевать; ради большего блага, чем земная жизнь, мы рождаемся в этот мир. Ради вечной и лучшей жизни мы рождаемся в эту жизнь.

Истинные христиане всегда считали свою жизнь военной службой. И как солдаты считают дни своей службы и с радостью думают о возвращении домой, так и христиане постоянно помнят о конце своей жизни и возвращении в свое Небесное Отечество.

СОДЕРЖАНИЕ ЖИЗНИ

Когда бытие человека не наполнено Богом, оно не наполнено и жизнью: оно сродни безысходной, мертвящей пустоте.

Все суть пустота, вакуум, если не наполнено Богом.

Всякая душа мертва, если не исполнена Богом.

Люди живы настолько, насколько в них живет Бог.

Ибо только Бог – жизнь.

Потому считать всех людей одинаково живыми – иллюзия. Есть живые и неживые, что зависит от меры Бога в них, меры жизни, которую они несут в себе.

Со страхом говорю тебе: есть неживые люди. Их будто нет. И они отличаются от живых так же, как отличаются предметы во сне от предметов наяву. Хотя неискушенным они кажутся такими же живыми!

Они же существуют! Разве их нет? – спросишь ты. Да, но и, когда угасает костер, дым еще долго витает над пепелищем.

ДОСТИЖЕНИЯ

Всякое достижение, в учении или в труде, завоеванное трудом и усилием, но без Бога, усиливает жажду достижений. Пусть ты вложил в свое достижение самый упорный труд, но без Бога оно грех. А всякий грех усиливает жажду нового греха.

То же, что приобретено с именем Божиим, делает человека счастливым, ибо утоляет жажду.

ЗЛОСЛОВИЕ

О каком зле люди говорят с особенным удовольствием? – О чужих грехах и своих победах.

БОРЬБА ЗА ЖИЗНЬ

Смотри, не поддайся иллюзии, которую принято называть «борьбой за жизнь». Эти слова имеют смысл, только если означают: «борьба за Бога», иначе они бессмысленны. Для того же, кто нашел свою жизнь в Боге, не существует никакой «борьбы за жизнь».

Бог не ведет ни с кем никакой борьбы. Само присутствие Божие – победа.

Борьба за жизнь в общепринятом смысле означает борьбу за более продолжительную жизнь тела на земле. Следовательно, это не борьба за жизнь, а борьба за тело.

Иллюзорность этого девиза видна из того, что люди, не знавшие о нем, не делавшие культа из своего тела, жили часто дольше и счастливее тех, кто следовал ему.

Жизнь по соизволению дается Начальником Жизни.

Представь, что наполненные маслом горшки стали бы бороться между собой за то, какому сохраниться, а какому быть разбитым. Что сделает горшечник? Он выльет из них масло, которое дороже горшков, понаблюдает некоторое время за забавной борьбой горшков и наконец перебьет их и наделает новые.

У тех, кто не думая о Боге как Источнике Жизни, борется за жизнь, Он отнимает Свою жизнь и Дух, оставляя пустые горшки.

ВО ИМЯ БОЖИЕ

Все, что ты потеряешь ради Бога, сохранишь; все, что сохранишь ради себя, потеряешь.

За все, что дашь во имя Божие, воздастся тебе сторицей; все, что дашь во имя своей славы и тщеславия, пропадет.

Все, что примешь от людей во имя Божие, принесет тебе радость; все, что примешь от людей как вознаграждение, принесет тебе заботы.

ОТНОШЕНИЕ К БОГУ

Когда люди искажают свое отношение к Богу, не видя в Нем единственной Реальности и Ценности, тогда – как следствие – становятся ложными все человеческие отношения. Ценность переносится на представления и вымысел, а жизнь становится подобной движению теней, когда солнце скрывается за тучами.

Ложные теории о Боге неминуемо влекут за собой ложные научные, ложные политические и ложные общественные теории. Одна ложь рождает другую, первая ссылается на вторую, вторая зовет на помощь третью.

Тогда ловкость и умение ценится выше добродетели, количество выше качества.

И тогда, наконец, люди понимают, что они утопают во лжи, и кричат: всюду ложь! Но никто не возвращается к истине. Так же, как пловцы, удалившись от берега, начинают терять силы, хвататься друг за друга и тонуть, в смятении и страхе забыв, где остался берег и у Кого надо искать помощи.

В такие времена спасает мир от гибели какой-нибудь десяток праведников – Божиих людей, отсутствие которых повергло в пропасть Содом и Гоморру.

ПРИРОДА – ДРУГ НАШ

Природа – друг, она сотворена, чтобы быть человеку другом и помощником, а не рабом или палачом. Люди, делающие из природы раба, сами делают ее врагом и палачом.

На Балканах еще сохранилось уважение и милосердие к природе. Еще существует обычай: если крестьянин хочет срубить дерево, косить траву или забивать скот, он крестится и произносит: «Прости, Господи!»

Народы, объявившие природе войну не на жизнь, а на смерть, навлекли и навлекают на себя бесконечные беды. Ибо тот, кто разрушит мирные отношения с природой, неминуемо нарушает и добрые взаимоотношения с Богом.

МЕРА СТРАДАНИЯ

Садовник срезает ветви, чтобы дерево быстрее росло и лучше плодоносило. Если он превысит меру и срежет лишнее, дерево засохнет.

Верь, что твоё страдание никогда не может превзойти меры. Бог наблюдает за каждым человеком заботливее и милосерднее любого садовника.

Послушай, как рассуждает преподобный Нил Сорский: «Если горшечник знает меру предержания сосуда в огне, чтобы тот не лопнул, неужели Бог не знает меры наших страданий?» Верь, Господь имеет большее рассуждение, чем человек.

САМООБЛАДАНИЕ

Люди, не способные владеть своим сердцем, еще менее способны владеть языком.

Люди, не умеющие хранить мир в своем сердце, не сумеют сохранить его в государстве.

Люди, не видящие мир в себе, не увидят свое место в мире.

Люди, не способные к соучастию в чужом горе, еще менее способны к соучастию в чужой радости.

ДИСТАНЦИЯ

Все держи на дистанции, а душу приближай к Богу.

Если прольешь в огонь воду, не будешь иметь ни огня, ни воды.

Если пожелаешь чужого, возненавидишь свое, потеряешь и то, и другое.

Если приблизишься к служанке, как к жене, не будешь иметь ни служанки, ни жены.

Если часто пьешь за чужое здоровье, потеряешь свое.

Если постоянно считаешь чужие деньги, все меньше будет своих.

Если постоянно считаешь чужие грехи, будешь множить свои.

Если, преследуя лисицу, настигнешь ее, – вернешь петуха; если, преследуя медведя, настигнешь его, петуха не вернешь и себя погубишь.

ПОМЕХА ДОБРОДЕТЕЛИ

Многим кажется, что, будь они на другом месте, они были бы лучше.

Богатому кажется, что добродетели мешает богатство, бедному кажется, что – бедность, ученому – ученость, невежественному – невежество, больному – болезнь, старому – старость, молодому – молодость.

Это всего лишь самообман и признание своего духовного поражения. Представьте, если бы плохой воин оправдывался: на этом месте я буду побежден; дайте мне другое, и я буду храбр! Настоящий воин всегда мужествен, победит он или погибнет.

Если бы святой царь Лазарь покинул поле битвы, то считался бы побежденным; но, оставшись, выстояв до конца, он победил.

Адам потерял веру в раю, Иов укрепил веру на гноище. Пророк Илья ни разу не сказал: голод мешает мне быть послушным Богу! И царь Давид не говорил: корона мешает моему послушанию.

ВЕРА – ОСНОВА ЛЮБВИ

Вера – основа любви. Непрестанно храни веру, непрестанно храни семя любви, которое несет в себе вера, чтобы оно могло прорасти и принести радость. Потому что вера сама по себе, без любви холодна и безрадостна.

Но если любовь в тебе охладеет, не принесет плода радости, храни веру и жди.

Храни веру любой ценой. И жди, жди, пока любовь не прорастет из веры. Если потеряешь любовь, потеряешь плод с дерева; потеряешь веру – погубишь само дерево.

Если выпадет неурожайный год и нива не родит, терпеливый хозяин обрабатывает ее с двойным усердием. Соседи говорят: продай ее. Он молчит и работает. Если на следующий год не родит она, он увеличивает усердие. Соседи уговаривают: продай ее. Он молчит и трудится. И когда на третий год нива принесет урожай, он радуется втройне. Соседи тогда молчат, а он радуется. Если бы продал он ниву, чему бы радовался?

СЛОВО ЛЮБВИ

Бог дал людям слово «любовь», чтобы они именовали этим словом свои взаимоотношения с Ним.

Когда люди, злоупотребив этим словом, начинают называть им свое отношение к земному, оно теряет свой смысл.

Слова теряют свою священную и божественную силу и становятся как бы мертвыми. Так же как северное дерево, пересаженное на юг, вянет и гибнет.

МУДРОСТЬ

Когда люди жадно отнимают у природы золото, она вместо золота дает им яд.

Когда люди жадно вырывают у природы знание, она дает им цветные погремушки вместо истинного знания.

Когда люди кротко, во имя Божие, во имя Творца природы просят необходимое, природа дает им все, что потребно.

Мудрая мать дает ребенку все полезное из того, что он у нее просит; если же он попросит что-то из прихоти, пустого любопытства, мать взамен того, что он просил, даст ему безделушку.

Так поступает и мудрость Божия с людьми.

СОДЕРЖАНИЕ ИСТОРИИ

Главное содержание истории состоит в определении отношения людей к Богу. Все остальное лишь эпизоды и фрагменты главного.

Исторические периоды представляют собой как бы приливы и отливы во взаимоотношениях Бога и человека. Во время прилива великие художники находили вдохновение в Боге; во время отлива – в природе. Это можно было бы назвать «искусством из первых рук» и «искусством из вторых рук», указав на первичное и вторичное. Первое – более мужественное и драматичное, второе – женственное и лиричное. Так же как, когда отец в отлучке, гостей принимает мать и занимает их рассказами о том, что узнала от отца.

Каждый отлив, то есть замена восхищения божественным на восхищение природным, влечет за собой возврат в детство. Прилив – духовное здоровье, отлив – духовный недуг. Естественно, что зрелый человек, насытившись очарованием природы, спешит к возвышенному, надприродному, к Царству Небесному.

Вспомним случай с двенадцатилетним Иисусом: когда Мать нашла Его после долгих поисков, Он спросил Ее: «Зачем вы искали Меня? Разве вы не знаете, что надлежит Мне быть в доме Отца Моего?» (Лк.2:49).

МОЛЧАНИЕ

Молчания искали все великие души, ибо глубоко чувствовали истинность народной мудрости: «Молчание – золото». Всякий думающий человек испытал и знает, что он есть не то, что он говорит о себе, а то, что остается невысказанным. Не то, о чем умышленно умалчивается, а то, что высказать невозможно.

Наши разговоры с людьми – мелкая монета, которой мы себя выкупаем, в то время как крупная остается у нас. Или так: среди людей мы меняем маски, в то время как истинный душевный портрет остается сокровенным.

Молчаливы и все великие стихии, молчаливее же всех Бог, говорливы лишь малые творения. Удивительно ли, что высокие души молчаливы?

ЕВА И МАРИЯ

Ева и Мария в действительности означают нашу мудрость плотскую и мудрость духовную.

Ева пожелала больше того, что муж и Бог могли дать ей без вреда для нее. Она устремилась в пропасть за диаволом и увлекла за собой целый рай. Пропасть эта – история. В этой пропасти бурлящих страстей древо познания добра и зла разрослось, как сорняк. Мария вознесла Свою душу над историей и обручила ее Духу Святому.

Плодом следования Евы диаволу было то, что ее первенец стал убийцей. Плодом обручения Девы Марии с Духом Святым стал Ее Первенец – Богочеловек.

Ева откатила колесо жизни вниз, Мария направила его ввысь.

Драма Евы и Марии для меня и для тебя, друг мой, была бы не так важна, если бы она со всей ясностью не показывала нам драму нашей собственной души – противостояние плоти и духа.

О ТОМ ЖЕ

Снова Ева и Мария! С психологической точки зрения, Ева и Мария выражают наше душевное раздвоение, ту внутреннюю борьбу – не на жизнь, а на смерть, – которая совершается в нас от колыбели до гроба.

За что борются Ева и Мария? За ниву нашей души. Вопрос в том, кто завоюет всю ниву. Нельзя сказать, что Ева представляет нашу просто инстинктивную, а Мария – нашу просто разумную природу: развращенный инстинкт и развращенный разум представляет Ева, а божественный инстинкт и божественный разум представляет Мария. На стороне Евы – дух нечистый, на стороне Марии – Дух Святый.

И ты, человек, каждый день стоишь перед выбором, выбором великим, как вселенная, и бесконечным, как история: кому прибежишь ты на помощь – к жене, влекущей в погибель, или к Той, Которая возводит к небесам? К жене, обрученной с диаволом, или к Той, что обручена с Духом Святым? К жене, которая родила убийцу, или к Той, что рождает Спасителя?

СДЕЛАЙ И ЗАБУДЬ

Не записывай своих добрых дел:
 если запишешь, написанное быстро сотрется;
 если забудешь, они будут записаны в вечности.

Не записывай грехов соседа: если запишешь, половина ляжет на тебя. Забудь о них, и Господь предаст забвению твои согрешения.

ИСПОВЕДЬ

Исповедь – требование Церкви, чтобы помочь человеку увидеть свою тень.

Исповедь – требование Церкви, чтобы помочь человеку открыть душевные раны, которые он прикрывает видимостью здоровья.

Исповедь – требование Церкви, чтобы помочь человеку открыть свою немощь, которую он скрывает под маской силы.

Исповедь – требование Церкви, чтобы помочь человеку вскрыть зловонный гнойник своей души, который он искусно заглушает внешним благоуханием.

Исповедь – требование Церкви, чтобы человек, вообразивший себя прекрасным рыцарем, увидел себя тем карликом-горбуном, каким он предстает наедине с Богом.

Никто не идет к врачу, чтобы похвалиться своим здоровьем, но чтобы показать свои язвы.

Никто не идет к духовнику, чтобы похвалиться своей праведностью, но, чтобы показать опасную трещину на своей праведности.

Человек, идущий в лечебницу, оставляет гордыню за ее порогом; человек, приходящий на исповедь, оставляет гордыню за порогом церкви. Счастье для него, если, возвращаясь обратно, он забудет о ней. Дай Боже, чтобы, выходя, он вместо костыля гордыни оперся бы на костыль смирения.

РАБЫ, НИЧЕГО НЕ СТОЯЩИЕ

Как можно скорее предавай забвению свои заслуги и труды. Стыдно тебе, если пчела и муравей превзойдут тебя в этом. Плод гордости за свои заслуги – злоба, ссоры и вражда между людьми, а за ними – неизбежное чувство ненужности и отчаяние. Видел ли ты когда-нибудь пчелу и муравья в отчаянии? В самом деле, стыдно, если они лучше людей исполняют заповедь Христову: *«Когда исполните все повеленное вам, говорите: мы рабы ничего не стоящие, потому что сделали, что должны были сделать»* (Лк.17:10).

МАЛО И МНОГО

Кому недостаточно малого добра, тот верит в большее добро и ищет его.

Кому мало большего добра, тот верит в великое добро и ищет его.

Кому и того мало, не верит в добро и не ищет добра.

Кому мало низшей морали, тот верит в высшую и ищет ее.

Кому и ее мало, ищет еще более высокой морали.

Кому мало самой высокой морали, тот не ищет никакой морали.

Кому мало светлого лица истины, ищет большего света.

Кому мало большого света, ищет еще большего.

Кому мало самого светлого лика истины, не верит в истину и не ищет никакой истины.

Этим объясняется то, что между теми, кто принял христианство, иногда безнравственных людей и безбожников больше, чем среди нехристиан, которые, не имея всего, не лишились всего.

СТРАХ ГРЕХА

Чем духовнее человек, тем больше страшит его грех. Так же, как лунатика, очнувшегося над пропастью, охватывает ужас перед ней.

В самом деле, грешники – моральные лунатики.

Горе лунатику, очнувшемуся слишком поздно, когда ноги его уже скользят по краю глубокой пропасти. Ибо его пробуждение лишь засвидетельствует его падение в пропасть.

ДВЕ МОРАЛИ

Мораль долга – мораль слуги и раба. Мораль любви – мораль человека. Слово «долг» оскорбительно для любви. Любовь не должна ничего. Любовь отдает все. Незнание долга – вот единственное незнание любви. Любовь дарит, долг одалживает. Любовь простирает свою мысль над границами вселенной, потому кажется, что любовь безрассудна. Долг ограничивает свою мысль предметами и событиями, потому кажется, что долг разумен.

Дела любви превосходят границы времени, потому кажется, что любовь пассивна. Долг ограничивает свои дела событиями и ситуациями, потому кажется, что долг созидателен.

Любовь стоит выше разделения на добро и зло. Долг – неутомимое разграничение добра и зла.

Не пролившийся из облака дождь не знает еще разделения воды на чистую и грязную. Только падающие в реки и лужи капли становятся чистой или грязной водой. Так и любовь, когда упадет, делит все на доброе и злое и все меряет аршином долга.

Грех гонит любовь из ее отеческого дома и приносит долг в чужой дом.

СНОВА ПРИЛИВ И ОТЛИВ

В зависимости от прилива и отлива в нравственной жизни человека и природа являет свои приливы и отливы в образах добра и зла.

В периоды высокой морали людей и природа испытывает прилив добра и отлив зла. И, наоборот, во времена безверия и безнравственности людей природа испытывает приливы в образах зла и отливы в образах добра. Тучи саранчи не появляются, когда хотят; болезни, эпидемии, засуха подчиняются этому же закону.

По мере добра в человеке и природа дарит свою меру плодов и здоровья. Этот опыт народ выразил в таких словах: какова вера, такова и мера.

О ТОМ ЖЕ

Если бы исчезли наши дурные качества, грехи и страсти, исчезли бы и соответствующие им в природе образы.

Но до тех пор, пока человек человеку – волк, будут волки.

Пока человек человеку – пиявка, будут пиявки.

До тех пор, пока душа человеческая, привязанная к земному, ползет по земле, будут ползать по земле змеи.

Одним словом, до тех пор, пока человек будет умножать свое безбожие и свою безнравственность, природа будет умножать соответствующие им образы зла: будут множиться хищники, микробы, бури, ураганы, наводнения, пожары и прочее.

Следовательно, природа зависит от человека и в образах, и в содержании.

РЖАВОЕ ЖЕЛЕЗО

Не печалься, что Господь попустил тебе болезнь. Вспомни, что Он попускал более тяжкие болезни тем, кто лучше тебя.

Представь себе кусок железа, забытый кузнецом и годами лежавший в углу кузницы. В конце концов железо станет просить кузнеца взять его в работу. Тогда кузнец быстро поднимет его, бросит в огонь и, когда оно раскалится, положит на наковальню. Будет ли железо печалиться?

Так и твоя болезнь к радости, а не к печали. Ибо ты молился, чтобы Господь сделал тебя лучше. И Он, как кузнец железо, взял тебя в работу и начал закаливать и ковать. Брат, Господь взял тебя в работу! Радуйся, ржавое железо, забытое кузнецом!

ГРЕХ НЕПОСЛУШАНИЯ

Грех непослушания Богу настолько тяжел, что Адам в одиночку не смог бы понести его последствий и не погибнуть под его тяжестью. Страшный дух непослушания хорошо знал это и потому толкнул первого человека на грех, неминуемо ведущий к вечной смерти. Но мудрый Творец знал больше духа непослушания. Он решил умножить род человеческий, чтобы люди могли разделить тяжесть совершенного греха; вечную смерть Он заменил смертью временной, а уничижение – существованием в мире света и тьмы.

Первый человек был подобен большому чистому зеркалу, в котором отражался один лишь Бог. И демон непослушания стремился отразиться в нем, но не мог. Тогда он решил залить это зеркало своими густыми черными чернилами, но в этот момент зеркало разбилось, и работы демону прибавилось, потому что с умножением человеческого рода зеркало продолжало делиться на все более мелкие кусочки, и демон метался между ними, изнемогая все больше и больше. И сегодня зеркало продолжается дробиться на миллиарды частей, и каждую частицу демон преследует со своими адскими чернилами. Но зеркало будет дробиться до тех пор, пока не закончится трагедия этого мира, до тех пор, пока непослушание не потерпит окончательного поражения; тогда оно восстановится в своем первозданном сиянии.

Однажды, когда демон праздновал победу, думая, что зеркало стерто в пыль и работа его закончена, Бог снова явил миру зеркало в его целости и совершенстве – в лике Сына Своего Иисуса Христа. Эта неожиданность повергла демона в отчаяние и побудила к последнему злобному нападению. Но дни его сочтены, и конец приближается. Это уже не похоже на философию, не правда ли? Это сама жизнь, и этого достаточно.

ЗЕРКАЛА

Каждый новорожденный являет собой новое отображение Бога, чуть затемненное грехом непослушания. Эта небольшая тень на душе новорожденного суть его различные дурные наклонности. Ибо грех непослушания Богу выражается другими грехами, дурными привычками, пороками и страстями. Эта малая тень на душе каждого новорожденного суть некая склонность ко злу. Поскольку же число этих наклонностей велико, то многочисленны и драматические ситуации в жизни человека.

Но Бог милостив к каждому человеку. Зная недуг каждой души, Он ставит ее в такое положение, в котором она могла бы скорее исцелиться, а тень, покрывающая ее, замениться светом.

Если эта тень – гордость, Господь помещает новорожденную душу в скромные жизненные условия, чтобы душа научилась смирению и избавилась от угрожающей ей гордости.

Если эта тень – себялюбие, Господь поставит такую душу в положение, в котором ей будет легче жертвовать собой для блага других, будь то большая семья, общество или отечество.

Если душа склонна к отчаянию, Господь поместит ее в центр самой напряженной работы, где у нее не будет времени предаваться своей страсти.

Душа, больная склонностью к плотской похоти, окажется там, где она не сможет развивать свой порок.

Вот почему часто кажется, что все как бы находятся не на своем месте, что торговец больше похож на полицейского, а полицейский – на торговца, что монах – на офицера и офицер – на монаха, что слуга – на царя и наоборот.

Но независимо от положения, в которое Бог ставит души, Он неусыпно следит за каждой, готовый прийти на помощь со Своими благодатными лекарствами. Чем в более тяжелом положении оказывается человек, тем обильнее благодатная помощь Божия.

Когда же люди дают волю своему недовольству тем положением, которое определил им Бог, тогда они повторяют грех Адама – грех непослушания. И тогда страсть, с наклонностью к которой они рождены, начинает бурно развиваться и овладевать человеком. В той мере, в которой растет человеческая страсть, человек начинает уподобляться воплощению этой страсти в природе – кошке, собаке, волку, лисице... Если же страсть целиком захватит человека, то он превзойдет ее образ в природе. Человек-кошка становится эгоистичней кошки, человек-собака похотливее собаки, человек-волк безжалостнее волка, человек-лисица хитрее лисицы...

Говорю тебе это не для того, чтобы ты просто знал, но чтобы испытал себя и нашел в себе страсть, с которой рожден, для того, чтобы понял, как и в какой мере своим непослушанием Богу ты допустил ей овладеть тобой. Ибо, когда пробьет последний час и скрытая маской плоти душа обнажится, тогда она откроется в облике того зверя, которого ты воспитал в ней.

НЕНАВИСТЬ К ПРАВЕДНИКУ

Человек ненавидит того, против кого грешен. Сначала боится, потом ненавидит.

Когда человек согрешит против своего друга, он испытывает перед ним страх, который превращается в ненависть. А ненависть ослепляет.

Человек боится того, кто знает его грехи. За страхом приходит ненависть.

Когда человек понимает, что грех его кому-то известен, его душу наполняет страх, страх быстро перерастает в ненависть. А ненависть ослепляет.

То же происходит в душе человека, который знает свой грех перед Богом и знает, что Богу известен его грех. И тогда человека охватывает страх перед Богом, страх перетекает в ненависть, от которой душа человека слепнет.

Ослепленный ненавистью к человеку, человек замышляет убийство. Поскольку же убийство Бога невозможно, то ослепленный ненавистью к Нему человек вместо убийства прибегает к тому, что он считает равносильным ему, – к отрицанию Бога, которое поистине равносильно самоубийству.

БОЖЕСТВЕННОЕ ДОМОСТРОИТЕЛЬСТВО

Глядя на несправедливость неправедного, мы часто спрашиваем: почему Бог сразу же не поразит его ударом грома, не спасет нас от неправды? Но при этом мы забываем спросить себя: во-первых, почему мать не убивает свое дитя, как только впервые застанет его за дурным делом? во-вторых, почему нас – меня и тебя – Бог не поразил громом, когда увидел сделанное нами зло?

В каждого человека вложен Божий капитал. Ни один хозяин не будет вырубать сад, если однажды он не даст урожая, но с надеждой ждет следующего года. Грех человеческий – это неурожайный год, и Бог с надеждой тихо ждет.

Иногда ждет напрасно: Иуда остался Иудой. Но часто ждет и получает обильный плод: сад начинает плодоносить, и Савл становится Павлом.

СЛАВОЛЮБИЕ

Если зажжешь все свои добродетели, словно огромные свечи, хорошо сделаешь. Но, если при этом не победишь в себе славолюбие, оно, как ураганный ветер, погасит все свечи. Ты снова зажжешь их, но ветер снова их задует. Потому сначала останови ветер.

НАЧАЛО КАЛЕНДАРЯ

Каждый день грешить и каждый день каяться – значит топтаться на месте, вместо того чтобы идти вперед. До тех пор пока покаяние не пересилит и грех не уменьшится, дни наши будут наполнены строительством и разрушением одной и той же башни.

Должно потрудиться, чтобы однажды сохранилось хоть что-нибудь неразрушенное со вчерашнего дня. Этот день будет первым днем твоей жизни.

ЧИСТАЯ СЛЕЗА

Непрестанное богообщение – в тишине сердца, в воздержании ума, в безмолвии души – приводит к ангельской чистоте внутреннего человека. Благодаря этой чистоте становятся видны все существа и всё творение в их первозданности как отсвет чистоты Творца всех существ и всего творения. Это видение вызывает самые чистые человеческие слезы. Ибо и слезы иногда подобны морской воде.

ПОДРАЖАЙ СВЯТЫМ

Нелегко сразу подражать Христу. Подражай сначала своим добрым соседям. Пусть это будет первой ступенью. Подражай добрым людям твоего народа. Пусть это будет вторая ступень. Потом подражай великим святым Церкви. Это будет третья ступень. И, наконец, подражай Христу. Это – вершина, на которую невозможно подняться одним рывком. Непрестанно трудись над своей душой, как трудишься над плодоносным садом, который легче всего зарастает сорняками именно потому, что плодоносный.

Пусть все твои труды, внутренние и внешние, будут направлены на возделывание души, потому что это единственное, что можно спасти от беспощадности смерти. Но не ожидай, что сможешь убелить свою душу без долгой и трудной духовной брани, которая очищает души. Конечно, весь твой труд может оказаться напрасным без животворящей благодати Божией. Именно благодать и есть то же, что вода при стирке полотна. Прачка трудится руками, использует мыло, доску, корыто, но промывает, отбеливает только вода. Так же и с тобой: тебе принадлежит пост, молитва, покаяние и добрые дела, но благодать суть Божия вода, что омывает, чистит и убеляет. Потому и молится пророк: *«Помилуй мя, Боже, по велицей милости Твоей... омый мя... и паче снега убелюся»* (Пс.50:3,4,9).

ОЧИЩЕНИЕ ОТ ЗЛА

Изо всех сил старайся очищать себя от зла к людям. Ибо накапливая в себе зло к людям, накапливаешь яд, который рано или поздно убьет в тебе человека.

Изо всех сил расти в себе добро к людям. Посильней сдави сухой ствол своей души и всегда сможешь выдавить, словно капли воды, добро, оправдание для прощения врагов, а значит, одержишь над ними духовную победу – победу добром.

Не позволяй солнцу быть благороднее тебя, ибо, если оно греет и злых, и добрых, почему ты не можешь согревать добром и добрых, и злых?

Не позволяй воде быть полезнее тебя, ибо, если она поит и чистых, и нечистых, почему бы тебе не радоваться, когда к тебе обращаются за помощью и те, и другие? Скажет ли вода быку: «Тебе дам пить», а ослу – «Тебе не дам пить»? Или и тому, и другому она дает напиться и блистает и серебрится перед мордой того и другого?

Не позволяй, чтобы земля была терпеливее тебя, когда пашет ее крестьянин или выравнивает строящий дорогу. Будь терпелив, как она, ибо тебе предназначена великая награда.

Не позволяй, чтобы небосвод сиял ярче, чем твоя душа. Ибо в тебе Тот, Кто возвел небосвод и Кто может низвергнуть его. Так-то, брат мой, ты – сын, а небосвод – творение!

ЛЮБОВЬ БОЖИЯ

Любовь Божия к человеку предвосхищает любовь человека к Богу.

Кто знает, любил бы ребенок мать, если бы прежде не ощутил ее любви к себе?

Также и человек не может возжечь в себе любовь к Богу до тех пор, пока не ощутит неистощимой любви Божией к самому себе.

ПРОТИВ РАССЕЯННОСТИ

«Совокупивый разстоящаяся естества», – поется о Христе в одном церковном ирмосе. А это значит, что Христос собрал наше раздробленное, рассеянное существо.

Все мы рассеяны до тех пор, пока не обретем единый центр – Христа, к которому устремится все наше естество, подобно рассеянным солнечным лучам, собирающимся в фокусе линзы. Для Христа этот центр – живущий в нем Бог Отец.

Ни один вопрос Он не решал, не сверив ответ с этим центром. Потому Он всегда был целостен и собран. Его непрестанная молитва была непрестанным общением с этим центром, непрестанным собиранием Себя.

Поступай и ты так же и будешь подобен Христу. А быть подобным Христу – значит быть ярче солнца и могущественнее вселенной.

ТРИ ОКНА

Для духовного человека в небесах существуют три окна: в первое смотрит верующий разум, второе открыто для уповающего сердца, третье – для любящей души.

Тот, кто смотрит только в одно окно, увидит лишь треть неба. Кто смотрит сразу в три, тому открыто небо целиком.

Святая Варвара прорубила три окна в башне, в которую ее заточил отец-язычник, чтобы так исповедовать свою веру во Святую Троицу.

Чтобы увидеть Божественную Троицу в Ее Единстве, мы должны узнать самих себя как троицу в единстве. Ибо только троица может созерцать Троицу.

МОЛИТВА

Истинная молитва всегда есть борьба со смертью и отрицание смерти. Истинная молитва всегда – борьба за жизнь и утверждение жизни.

Какова же истинная молитва? Та, которая делает тебя сильнее смерти, которая побеждает страх и ужас смерти. Если, встав с молитвы и заглянув в себя, ты почувствуешь прежний страх смерти, знай: молитва твоя не была настоящей. Если же, встав с молитвы и заглянув в себя, ты почувствуешь равнодушие к смерти, знай: молитва твоя истинна. Когда, встав с молитвы, ты почувствуешь желание как можно скорее соединиться с истинной жизнью, знай: молитва твоя была победительной.

Прежде чем взойти на Крест, Спаситель уже победил смерть, когда молился в Гефсиманском саду.

Гефсиманская молитва суть единственный образ совершенной и победительной молитвы, когда-либо явленный и завещанный роду человеческому.

НАД ПОЛИТИКОЙ

Когда Христос становится орудием земной политики, средством для получения земных богатств и славы, Он перестает быть Орудием спасения. Другими словами, если кто именем Христа пытается добиться земных благ, то Он лишает того высших благ, небесных.

Кто торгуется со Христом, тот приобретает самого опасного в торговле компаньона.

Кто поднимает на Христа меч, тот на конце меча держит свое сердце.

Двухтысячелетняя история не сделала Христа более великим, но она лишь утвердила истинность Его. К божественному величию Христа и к Его духовному врачеству невозможно что-либо прибавить или отнять. Его безусловное послушание Отцу, Его смирение, человеколюбие и сострадание история приняла как единственные целительные средства для спасения души и как единственный путь к победе над злом.

ЗЕМЛЯ И КАРТА

Какова Земля в сравнении с географической картой, таково и христианское понимание мира в сравнении с кабинетной философией. Это правда: иногда карта выглядит красочнее и красивее Земли, но и на самой приукрашенной карте никогда не вырастет пшеница и не забьет чистая родниковая вода.

КЛЮЧ К ТАЙНЕ

Христос воскресе – значит, воистину есть Бог.

Христос воскресе – значит, воистину существует духовный мир, мир реальный и бессмертный.

Христос воскресе – значит, жизнь сильнее смерти.

Христос воскресе – значит, добро сильнее зла.

Христос воскресе – значит, все упования христиан оправданы.

Христос воскресе – значит, все жизненные трудности разрешены.

Все трудности разрешены, главные и мучительные тайны раскрыты, цепи тьмы и страданий разорваны, ибо Христос воскресе!

СВЯТОЙ КНЯЗЬ ВЛАДИМИР – КРЕСТИТЕЛЬ РУСИ

Сегодня у наших русских братьев праздник – день прославления великого святого, отошедшего ко Господу 917 лет назад.

Этот русский праздник можно считать и национальным, и церковным, и государственным, и культурным. Ибо святой русский князь Владимир заложил краеугольный камень в основание, на котором в течение почти тысячи лет воздвигался храм русского Православия, росло и укреплялось русское национальное самосознание, русская государственность и русская культура.

Думаю, что все южные славяне, а сербы особенно, сердцем и душой должны участвовать в этом празднике наших русских братьев. Ибо наша совесть заставляет нас плакать, когда русские плачут, и радоваться, когда русские радуются. Велик долг наш перед Россией. Должен может быть человек человеку. Но и народ может быть должен народу. Долг Сербии перед Россией за помощь сербам в войне 1914 года огромен: все последующие поколения многие века не в состоянии будут возместить его.

Это долг любви, без раздумий идущей на смерть, спасая ближнего. Ибо *«нет больше той любви, как если кто положит душу свою за други своя»* (Ин.15:13), – это слова Христа.

Русский царь и русский народ, вступая в войну в защиту Сербии, будучи к ней не подготовленными, знали, что идут на верную гибель. Любовь русских к своим сербским братьям не убоялась смерти, не отступила перед ней. Разве можем мы когда-нибудь забыть, что русский царь, подвергая опасности и детей, и миллионы братьев своих, пошел на смерть ради сербского народа, ради его спасения? Разве можем мы не признать пред Небом и землей, что наша свобода и государственность стоят России больше, чем нам?

Смысл войны 1914 года, многим непонятный, многими оспариваемый, объяснен русской жертвой за сербов во всей своей евангельской ясности и несомненности. Ибо мотив самоотверженности, духовная потребность жертвы за ближнего – разве это не стремление к Царству Небесному? Русские в наши дни повторили Косовскую трагедию?. Если бы русский царь Николай II стремился к царству земному, царству мелких личных расчетов, себялюбия, он и по сей день сидел бы на престоле в Петрограде. Но он выбрал Небесное Царство, царство жертвы во имя Господне, царство евангельской духовности, за что и сложил свою голову, за что сложили головы его чада и миллионы подданных. Еще один Лазарь! Еще одно Косово! Этот новый косовский завет открывает новую духовную глубину славян. Если кто-то в мире может и должен это осознать, то это – сербы.

Выбор, подобный этому, выбор подвига ради Царства Небесного, то есть того, что мир считает безумием, в русской истории совершался не однажды и не только в наши дни. Это длительный исторический процесс, пронизывающий всю историю России, от святого князя Владимира и до сего дня.

Первым этот выбор, вместе со своим народом, сделал князь Владимир; он направил ход русской истории в духовном направлении. Вместе с народом, говорю я, ибо и до него были те, кто искал Небесного Царства: это и бабушка самого Князя, святая равноапостольная княгиня Ольга, киевские первомученики Феодор и Иоанн и другие. Но Владимир первый пошел путем креста вместе со всем своим народом. Конечно, этот выбор не мог быть им сделан без великой внутренней борьбы, гораздо более сильной, чем у князя Лазаря и последнего русского царя Николая II. Ведь им, как крещеным, уже по-христиански воспитанным людям, необходимо было решить: идти ли до конца по уже известному им пути христианства, христианской жертвы и стоять ли на нем до конца. В то время как язычнику князю Владимиру, отец которого носил прозвище «дикий вепрь», необходимо было решиться на совершенно новый, на Руси неведомый и непроторенный путь. И вот князь, прежде не отказывавший себе ни в одном из земных удовольствий, наперсник разврата, мстительный и кровожадный, вдруг должен был духовно умереть и возродиться новым человеком, с новой душой, по глаголу Христа: *«Потерявший душу свою ради Меня, сбережет ее»* (Мф.10:39). Я считаю, что решение пойти на смерть духовную может быть труднее и требует большего мужества, чем решение пойти на смерть физическую. Ибо та смерть, на которую решился тогда еще распутный князь, означала многократную, повседневную смерть, по слову апостола Павла: *«Я каждый день умираю.., братия»* (1Кор.15:31).

Принимая христианство, Владимир понимал, что выбирает самое трудное из трех предложенных ему вероисповеданий. По летописным свидетельствам мы знаем, что он долго испытывал свой выбор, прежде чем решился на него, видя, что христианство означает путь Креста, следование за Христом, а значит необходимо прежде всего расстаться со своим недостойным прошлым, ветошью старых привычек, с ветхим, плотским человеком. Князь понимал, что недостаточно будет просто сбросить с киевского холма статую Перуна и утопить его в Днепре, но что и он сам, и каждый из последовавших за ним должны будут выбросить идолов из своих душ. А идолы славянские, увы! Как и любые другие идолы, они были плодом фантазий, ничтожествами с громкими именами, земными богами, бессловесными агентами земного царства, обещавшим и людям земное обманчивое царство, привязывая этим людские души к земле. Славянское идолопоклонство, центр которого находился в Киеве, было одним из самых диких в Европе. Язычник князь Владимир являлся типичным представителем язычества тех времен, славяне-язычники – беспощадная стая грабителей, захватчиков, чревоугодников, разрушителей, заживо сжигавших вдов, приносивших в жертву своим идолам младенцев. Они приводили в ужас развитые народы того времени, особенно самое цивилизованное из них – Византию.

Славяне-язычники с особенным вожделением разрушали то, что не созидали, и грабили, то, что было сработано чужим трудом. Какая сила в мире могла из этой свирепой орды сотворить народ духовный, святой, облагородить его, преобразить, переродить? Сила веры Христовой – вот та единственная сила, которая смогла совершить это чудо. Она из Владимира-волка соделала Владимира-ягненка. Недавний сластолюбец и охотник до женской красоты, распустил свой «гарем» и стал жить целомудренно; чревоугодник и любитель возлияний стал поститься, вплоть до изнеможения, он, когда-то насмехавшийся над исламом, запрещающим вино и свинину! Некогда жестокий, князь начал обходить больницы и тюрьмы, раздавая милостыню, утешая больных. В прошлом любитель ночных оргий, весельчак, он стал проводить ночи в слезных молитвах и поклонах, в размышлении о суде Божием, о спасении души. Не знавший стыда, Владимир стал стыдливее девушки. Владимир-палач превратился в кроткого, милостивого самарянина. Одним словом, Владимир-идолопоклонник преобразился в христианского святого. Будто на какой-то таинственной стене стерли изображение демона и начертали Ангела! Чудо, куда большее, чем превращение гусеницы в бабочку!

Говорят, что при гробе святого Владимира не было явлено ни одного чуда. Но не сотворил ли сей избранник Божий при жизни своей великое чудо над самим собой? Все чудеса, которые творят святые: исцеления от болезней, очищение от страстей, пороков, изгнание бесов, воскрешения умерших – все это совершил святой Владимир над собой самим. Если бы от его гроба стали проистекать чудеса, люди могли бы не просто считать его святым, но обожествить его. Переворот, совершившийся в душе князя Владимира, явился таким чудом, которое никак нельзя объяснить только человеческими усилиями: оно было бы невозможно без помощи благодати Божией.

Кто-то, рассуждая о Промысле Божием, может в недоумении спросить: отчего Господь избрал крестителем, духовно переродившим русский народ, именно такого человека, который в начале своей жизни, кажется, превзошел во зле всех своих языческих предков и современников? Как будто Обративший Савла в Павла, в Апостола веры Христовой, выбирая такого закоренелого язычника для важнейшей миссии, не знал, каков был Владимир. Действительно, нелегко бывает рассмотреть все нити в тончайшей ткани Божественного Промысла, но эту нить проследить нетрудно. Было необходимо показать всем последующим русским поколениям раскаявшегося грешника, поставить у истоков новой России просветившегося язычника, чтобы стоял он, подобно змию медному, и наставлял, укреплял и исцелял оступившихся и маловерных, всех русских христиан во все грядущие времена. Лучшее свидетельство действенности любого лекарства – исцелившийся больной. Необходимо было исцеленного князя Киевского показать тем, кто был еще болен, для того чтобы они с радостью приняли то же лекарство. Из всех чудес, что творит вера Христова, самое душеполезное – обращение грешника в праведника. И вот как свидетельство такого чуда – личного преображения – стоит святой Владимир при вратах христианской Руси и словно взывает к каждому русскому: «Я был ночь и превратися в день! Кем был ты? Кем стал ты?»

«Владимир Красно Солнышко» – так зовет русский народ своего духовного родоначальника. Этими словами благодарный и мудрый народ наиболее точно выразил свое отношение к личности князя-крестителя. Темная плоть превратилась в Красно Солнышко. Вот что произошло с Владимиром. И оставался он Красным Солнышком на протяжении всей русской истории, в течение всех этих девяти столетий. А столетия эти изобиловали святыми, праведниками, чудотворцами; среди них и два сына князя Владимира – святые страстотерпцы – князья Борис и Глеб. По молитвам к ним исцелялись больные, освобождались бесноватые, воскресали мертвые. Но все они в долгу перед святым Владимиром. Им было легче стяжать святость, нежели самому Владимиру, князю, богачу, сквозь игольное ушко прошедшему в Царство Небесное, следуя неизведанным, непроторенным путем.

Следовательно, Владимир – человек необыкновенный и среди других великих людей, и среди святых. Он – основоположник святительства и святости в русском народе, первооткрыватель величия этих понятий, создавший на их основании государственную программу, необычность которой в том, что ее невозможно претворить в жизнь, пока каждый гражданин не воплотит ее, по примеру святого Владимира, в самом себе! С этого святителя-державника начинается новая Русь, новый народ, новый дух, новый путь, новая культура. Крестив русский народ в христианскую веру, святой Владимир долгую русскую ночь обратил в светлый русский день. Если бы кто-нибудь вывел из-под земли подземную реку, прорыл ей новое русло под солнцем, сделал ее прозрачной, чистой, полезной всем, он совершил бы подобное тому, что совершил Владимир с русским народом. Темная языческая масса, приняв Крещение, с течением времени сделалась «красным солнышком» среди народов. И можем мы вокликнуть: «Народ русский – красно солнышко!»

Сейчас, оглядываясь на жизнь русского народа после принятия им христианства, мы увидим, что на протяжении всей своей истории он шел путем, на который вывел его пример и дух Владимира-крестителя. Одно поколение сменялось другим, миллионы сменялись миллионами, сораспинаясь Христу на Кресте, принесенном на Русь святым князем Владимиром. И жатва Христова становилась все больше, все обильнее. Были в русской духовной истории и отступления, застои, колебания, были остановки в ожидании отставших, немощных, заблудших, как это бывает на всяком пути. Но, главное, река русской народной истории текла в заданном направлении, иногда быстрее, иногда медленнее, порой едва заметно, и непонятно было, вперед ли она течет или назад.

Многие знают о необычном психическом явлении, когда в минуту смертельной опасности человек, способен увидеть, как бы заново пересмотреть всю свою жизнь, с самого детства и до момента опасности. Я верю, что в нынешние жестокие времена, постигшие русский народ, хоть у кого-нибудь из русских возникнет перед глазами такая картина прошлого – от момента Крещения до наших дней. И мы, если бы попытались проанализировать и понять этот невиданный хаос, царящий ныне в России, мы многое поняли бы в русском прошлом за последние девять веков. Мы бы увидели русскую жизнь предельно ясно. Мы увидели бы шесть периодов русской истории, начиная со святого Владимира и Крещения и доныне, но близок и седьмой… Тут само собой рождается сравнение этих периодов с семью Таинствами Христовыми.

Первый период – период Владимира – соответствует Таинству Святого Крещения; он краток, но значение его огромно в силу совершенного им в жизни русского народа переворота, вступления народа на новый путь к новой цели.

Второй период вырастает из первого и продолжается до установления монголо-татарского ига. Он соответствует Таинству Миропомазания. В этот период народ исцелялся от последствий язычества и укреплялся на крестном пути. В каждой русской душе должно было совершится чудо преображения, на каждой душе должна была таинственным образом появиться печать Царства Небесного. А Таинство Миропомазания и означает утверждение в вере с помощью дара Духа Святаго.

Третий период протекал уже во времена монголо-татарского ига. Он соответствует Таинству Святого Покаяния. Накопившиеся во времена вольготной жизни грехи необходимо было, словно пыль, стряхнуть с души народа жгучим ветром рабства. Как Русь под монголами, так и Балканы под турками!

Замедлившую свой бег реку жизни нужно было поместить в каменное русло, на возвышенность, чтобы течение ее ускорилось, а она сама стала прозрачнее и чище. Находясь в рабстве, народ молчит, вспоминает о прошлом и кается. Душеполезность рабства сказалась в том, что главной целью русской истории, некогда определенной святым Владимиром, раз и навсегда стало очищение души от земного и стремление к святости и Царству Небесному.

Четвертый период – с момента освобождения от монголо-татарского ига до царствования Петра I. Освобождение началось с Куликовской битвы, происходившей за девять лет до битвы Косовской (принесшей рабство сербскому народу). Этот светлый период освобождения русских можно сравнить с Таинством Брака. Народная душа, очистившаяся страданием, обручается и полностью предается своему Небесному Жениху. На Русской земле воцаряется Христос. Русь, словно небо звездами, украшается святынями и святыми. Радость о Христе наполняет всех, от царя и патриарха до бездомного скитальца. Словом, вот он, пир свадебный, соединение народа с Богом!

Пятый период – от правления Петра до мировой войны. Он соответствует Святому Таинству Елеосвящения. В этот период интеллигенция ослаблена, в ней нет единства, происходят шатания. Она покидает Россию с ларцом русских добродетелей, а возвращается с ворохом иностранных заблуждений. Возникает смятение. В среде образованных людей идут раздоры, жестокие споры – не о пустяках, а о сути, о святой программе князя Владимира. Все больше открывается духовных ран, гной из которых отравляет и городское, и сельское население. Но сельская Церковь еще хранит чистоту невесты Христовой; в городе же она все больше напоминает сиделку, у которой не хватает сил на всех больных. Число отпадающих от Церкви, а значит, склонившихся к царству земному напоминает эпидемию. Когда-то сброшенный в реку Перун, а с ним и все семейство идолов – «утопленников» поднимают головы из Днепра. Река русской духовной жизни замутняется, замедляет свое течение, но река эта глубока, а глубина ее – миллионы верующих душ русского народа.

Шестой период начинается от первой мировой войны, точнее от мученической смерти царя-страстотерпца Николая II, и продолжается доныне. Господь попустил князю мира сего властвовать над Святой Русью, попустил до времени совершаться не Своей воле, но воле безбожников, отвергающих Царство Небесное, ищущих лишь земного. Языческий, «довладимирский» дух воцарился на Руси. Этот мрачный, злобный дух торопится увести реку русской жизни от Солнца Правды – Христа – и вновь спрятать ее под землю. Но русский народ причащается Святых Тайн Христовых. Никогда еще, быть может, он не соединялся с возлюбленным Христом так искренно, как сейчас, когда неверные кощунствуют, стремясь осквернить лик Христов. Никогда еще Кровь Спасителя не была так желанна, как теперь, когда она под запретом, когда путь к ней так труден. О сладчайшая Кровь Христова, как несказанно сладка ты стала для тех сыновей и дочерей России, чьей кровью и слезами в это страшное время причащается Русская земля!

А завтра настанет седьмой период русской истории – Святое Таинство Рукоположения. На многострадальный род Владимиров прольется новая благодать Духа Святаго. Народ русский станет народом священным, воссияет звездой утренней среди народов, красным солнышком среди племен земных.

Итак, история принявшей крещение Руси макрокосмически представляет собой душевную драму самого святого Владимира, так же как святой Владимир, микрокосмически, представляет собой всю историю крестившейся, ставшей Святой Руси.

Посмотрим теперь на положение в сегодняшнем мире. Он ожесточился и огрубел, на нем кровь мировой войны. Не в одном святом нуждается он теперь: одного слишком мало. Он нуждается в целом священном, святом народе. И народ этот должен снова, в наши дни, пройти через муки внутренней брани Владимира для того, чтобы снова от царства земного устремиться к Царству Небесному. Он снова должен быть бит и очищен от греха, так же как долгим битьем отбеливается полотно. Он должен быть крещен огнем страданий и слез, чтобы умягчиться, облагородиться, обожиться. Мир ждет такого народа. Какой же народ будет им? Тот народ, о котором сегодняшний мир и сказать ничего определенного не может, хотя и говорят о нем на всех континентах. Это – народ судьбы мира, из которого Промысл Божий месит лучший хлеб для духовной трапезы всей изголодавшейся земли.

Сегодня русский народ разделен на мучеников и мучителей. И те, и другие мучаются безгранично. И мы желаем спасения и тем, и другим. Этим подвигом мученичества народ русский готовится сказать то «новое слово», о котором писал Достоевский. Первым Крещением водою и Духом, под святым Владимиром, Россия спасла христианство. Это случилось тогда, когда православная вера, которую поддерживала Византия, совсем было истощилась, но не от собственного бессилия, а от бессилия человеческого; когда, с другой стороны, политизированная вера Запада – вино, смешанное с водой, – боролась с князьями мира сего за царства земные. Христианство было на смертном одре, истинные христиане – в отчаянии. Тогда Промысл Божий двинул целый континент, несметное неведомое племя на помощь истинной вере. Это была Русь святого Владимира. Сегодня, когда, с одной стороны, сосуды, хранящие христианскую веру, и на Востоке, и на Западе недостаточно крепки, чтобы помочь растерянному, ослепшему миру; когда, с другой стороны, самое закоснелое язычество по всей земле под разными именами, поднимает свои уродливые головы, сегодня вновь Промысл Божий призывает Святую Владимирову Русь на помощь христианству и через него всему человечеству. Призывает на помощь таким образом, чтобы на весах христианских ценностей число тех, кто выбрал Царство Небесное, дало перевес.

Наступает время, и настало уже, когда мученичеством крещенная Святая Русь свяжет всех терзающих ее идолов и, подобно святому Владимиру, свергнет их с Земли Русской в пропасть бездонную.

Наступает время, и настало уже, когда в России не просто будут обновляться иконы святых, как это происходит уже сейчас, но когда воинство живых русских святых от святого Владимира, святого Серафима и до последних новомучеников, с царем-мучеником во главе, возвестит небу и земле, что народ русский заново рожден в страданиях, снова кровию крещен, преображен Христом и готов помочь всему миру.

Наступает время, братья мои, вот уже на пороге оно, когда грязью залитое, изможденное страданиями лицо русского народа просияет, как солнце, и осветит тех, кто сидит во тьме и сени смертной. И тогда все народы земные благодарно возгласят: «Русь наша, мученица наша, красно солнышко!», так же как и весь народ русский непрестанно, и в этот день особенно, возглашает: «Владимир Красно Солнышко!».

Блаженны вы, плачущие ныне с Россией, ибо с нею и утешитесь!

Блаженны вы, скорбящие сегодня с Россией, ибо с нею и возрадуетесь!

СВЯТИТЕЛЬ НИКОЛАЙ СЕРБСКИЙ (ВЕЛИМИРОВИЧ)

Святитель Николай Сербский (Велимирович), известный также как Николай Охридский и Жичский, родился 23 декабря 1880 года в селе Лелич, близ Валево, в Сербии. Он принадлежал к семье сербского крестьянина Драгомира Велимировича и его жены Катерины. С детских лет Николай проявил глубокий интерес к религии и образованию, что было заложено в нем под влиянием его родителей.

Образование Николай начал в местной школе, а затем продолжил в гимназии города Валево. После окончания гимназии он поступил в Белградскую духовную семинарию, где быстро зарекомендовал себя как одаренный студент. В семинарии Велимирович углубил свои знания в области богословия и классической философии, изучая также произведения великих христианских писателей и мистиков.

После окончания семинарии Николай получил стипендию для дальнейшего обучения в Западной Европе. Он изучал богословие в Бернском старокатолическом университете в Швейцарии, где написал диссертацию на тему «Вера в Воскресение Христово как основная догма Апостольской Церкви». Затем продолжил образование в Оксфордском университете в Англии и в

Париже, где защитил второй докторат по философии Беркли.

По возвращении в Сербию Николай начал преподавательскую деятельность, одновременно активно участвуя в церковной жизни. Его проповеди и публикации принесли ему широкую известность. В 1919 году он был рукоположен во епископа и возглавил Охридскую и Жичскую епархии. В этот период он написал множество богословских и философских работ, в том числе «Молитвы на озере», «Охридский пролог», «Слова о Всечеловеке».

Во время Второй мировой войны Владыка Николай был арестован и отправлен в концлагерь Дахау, где провёл несколько лет до освобождения в 1945 году. После войны, узнав о том, что в Югославии установился коммунистический режим, он предпочёл остаться в эмиграции, проведя последние годы жизни в США, где продолжал свою духовную и писательскую деятельность.

Святитель Николай Велимирович скончался 18 марта 1956 года и был похоронен в монастыре святителя Саввы в Либертвилле, США. В 1991 году, после падения коммунистического режима в Югославии, его мощи были торжественно перенесены в Сербию и захоронены в его родном селе Лелич, где его могила стала местом паломничества для многих православных верующих.

Православная библиотека – Orthodox Logos

- *Песня церкви - Праведники наших дней* – Артём Перлик
- *Сказки* – Артём перлик
- *Патристика* – Артём Перлик
- *Следом за овцами - Отблески внутреннего царства* – Монахиня Патрикия
- *Откровенные рассказы странника духовному своему отцу*
- *Семь слов о жизни во Христе* – праведный Николай (Кавасила)
- *О молитве* – святитель Игнатий (Брянчанинов)
- *Об умной или внутренней молитве* – преподобный Паисий (Величковский)
- *В помощь кающимся* – святитель Игнатий (Брянчанинов)
- *Христианство по учению преподобного Макария Египетского* – преподобный Иустин (Попович), Челийский
- *Священное Предание: Источник Православной веры* – митрополит Каллист (Уэр)
- *Толкование на Евангелие от Матфея* – святой Феофилакт Болгарский, архиепископ Охридский
- *Толкование на Евангелие от Марка* – святой Феофилакт Болгарский, архиепископ Охридский
- *Толкование на Евангелие от Луки* – святой Феофилакт Болгарский, архиепископ Охридский
- *Толкование на Евангелие от Иоанна* – святой Феофилакт Болгарский, архиепископ Охридский
- *Таинство любви* – Павел Евдокимов
- *Мысли о добре и зле* – святитель Николай Сербский (Велимирович)
- *Миссионерские письма* – святитель Николай Сербский (Велимирович)

www.orthodoxlogos.com

www.ingramcontent.com/pod-product-compliance
Lightning Source LLC
Chambersburg PA
CBHW060614080526
44585CB00013B/823